PRAWO PARKINSONA

KLUCZOWE INFORMACJE

- **Nazwa:** Prawo Parkinsona.

- **Zastosowanie:** zarządzanie publiczne, administracja, służby publiczne, zarządzanie zasobami ludzkimi.

- **Dlaczego odnosi sukces?** Jest to humorystyczna, ale bardzo przekonująca, teoria na temat skłonności administracji do rozwoju, niezależnie od ilości wymaganej pracy.

- **Słowa kluczowe:** urzędnik państwowy, administracja, czas pracy, zarządzanie publiczne, biurokracja.

WSTĘP

Burząc tradycyjne wyobrażenia o czasie pracy, Prawo Parkinsona w humorystyczny sposób podkreśla funkcjonowanie biurokratycznej administracji w drugiej połowie XX wieku.

Pełen brytyjskiego humoru, pochodzący z okresu, w którym potępiano przewrotne efekty biurokracji (przypomnijcie sobie słynną powieść 1984 George'a Orwella, wydaną w 1949 roku), Cyril Northcote Parkinson (1909-1993), brytyjski historyk, opublikował w 1955 roku artykuł przedstawiający Prawo Parkinsona. Prawo to mówi, że liczba pracowników służby cywilnej rośnie w określonym

PRAWO PARKINSONA

Opanuj zarządzanie czasem i zwiększ produktywność

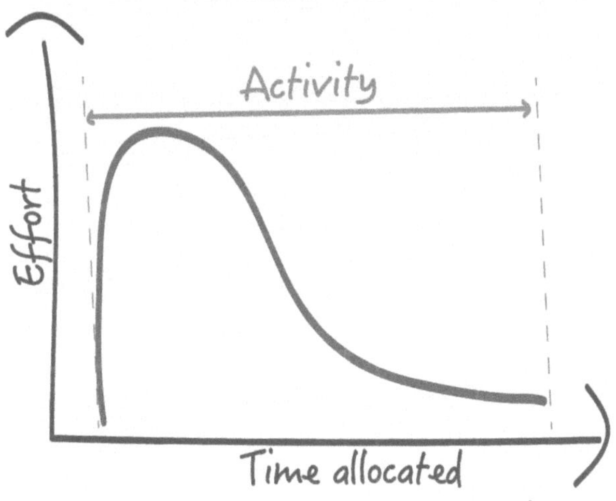

50MINUTES.com

PRAWO PARKINSONA

Opanuj zarządzanie czasem i zwiększ produktywność

napisany przez Pierre Pichère
przetłumaczony przez Kâmil Kowalski

50MINUTES.com

tempie (uzyskanym dzięki wymyślnemu wzorowi matematycznemu), niezależnie od ilości pracy do wykonania.

DEFINICJA POJĘCIA

Prawo Parkinsona opiera się na trzech stwierdzeniach:

- osoba mająca zadanie do wykonania wykorzysta cały dostępny czas, aby je ukończyć;

- pracownicy zawsze wolą mieć podwładnego niż rywala;

- pracownicy wzajemnie tworzą pracę.

Te trzy stwierdzenia wyjaśniają naturalną tendencję do zwiększania liczby pracowników. Prawo Parkinsona, choć ma w dużej mierze charakter humorystyczny, ma tę zaletę, że w sposób inteligentny wyjaśnia rozwój biurokracji.

TEORIA

Państwo zapewnia zadania dla władzy publicznej (wymiar sprawiedliwości, policja, dyplomacja itp.). Oprócz tej historycznej funkcji, w ciągu XX wieku rozwinęły się świadczenia społeczne, zapewniające edukację, opiekę zdrowotną, pokrycie kosztów leczenia i emerytury. Chociaż ten drugi wymiar działa różnie w zależności od narodu, można go znaleźć wszędzie w całej Europie, znany jako "państwo opiekuńcze".

Do prowadzenia tej ogromnej operacji potrzebni są agenci, zwani urzędnikami państwowymi. We Francji, na przykład, odnosi się to do członków trzech służb cywilnych (państwowej, szpitalnej i terytorialnej), ale bardziej ogólnie odnosi się, w sensie pozaprawnym, do urzędników publicznych. Ten niuans jest potrzebny do zrozumienia zakresu prawa Parkinsona, stworzonego przez brytyjskiego autora, ponieważ termin "urzędnik służby cywilnej" jest różnie rozumiany w innych krajach.

👁 Personel trzech służb cywilnych we Francji

W 2013 roku Francja zatrudniała 2,3 mln urzędników, 1,14 mln urzędników szpitalnych i 1,8 mln urzędników terytorialnych, co daje łącznie 5,24 mln osób. Liczby te obejmują właścicieli i wykonawców.

Przyjmując podejście ekonomiczne, musimy również uwzględnić pracowników prywatnych struktur usług publicznych finansowanych ze środków publicznych. Suma ta wynosi więc około 6 milionów osób, co stanowi około 25% zatrudnienia najemnego we Francji.

Rozum instynktownie podpowiada, że władze publiczne zatrudniają pracowników do zadań, które zamierza im powierzyć. Logicznie rzecz biorąc, zwiększenie liczby pracowników powinno odpowiadać zwiększeniu zakresu działania danego organu władzy publicznej. Prawo Parkinsona powstało, aby przeciwdziałać tej idei.

W artykule, który opublikował w 1955 roku w renomowanym czasopiśmie *The Economist*, Cyril Northcote Parkinson skonstruował dokładnie odwrotne rozumowanie. Według niego wzrost liczby urzędników wynosi około 5,7% każdego roku, niezależnie od ilości pracy powierzonej pracownikom.

W wywodzie Parkinsona na przemian pojawiają się poważne dane i ewidentna chęć rozbawienia czytelnika. W przedmowie napisanej do francuskiego wydania książki o prawie Parkinsona, opublikowanej na początku lat 80. XX wieku, wielki ekonomista i demograf Alfred Sauvy (1898-1990) również powołuje się na Raymonda Devosa (francuski humorysta, 1922-2006) i Jacquesa Tatiego (francuski scenarzysta i aktor, 1907-1982) chętniej niż na brytyjskich ekonomistów klasycznych Adama Smitha (1723-1790) i Davida Ricardo (1772-1823) i zalicza Parkinsona do największych fantastów tamtych czasów. Fantazja ta jest jednak raczej demonstracją brytyjskiego humoru niż samym wnioskiem i stała się klasycznym odniesieniem w zarządzaniu publicznym.

Jako punkt wyjścia do swojego rozumowania, Cyril Northcote Parkinson wskazuje, że im więcej czasu jednostka ma na wykonanie zadania, tym dłużej zajmie jej jego wykonanie. Ilustruje to na przykładzie starszej kobiety i młodego mężczyzny, którzy muszą wysłać kartkę pocztową. Wybór kartki, napisanie tekstu, przybicie pieczątki i wysłanie kartki: wszystkie te operacje z pewnością zajmą cały dzień osobie, która nie ma nic innego do zrobienia w swoim dniu, nawet jeśli zadanie to nie zajmie więcej niż pół godziny osobie bardzo zajętej. Nie ma zatem zależności między ilością wymaganej pracy a personelem wybranym do jej wykonania: jest to zasada efektywności.

Prawo Parkinsona opiera się na dwóch innych stwierdzeniach:

- **Pracownicy państwowi zawsze wolą mieć podwładnego niż rywala.** To stwierdzenie zostało zademonstrowane w artykule Parkinsona. Jeśli urzędnik państwowy uważa – słusznie lub niesłusznie – że ma za dużo pracy, ma do dyspozycji trzy możliwości:

  - opuścić stanowisko;

  - złożyć wniosek o zatrudnienie dodatkowego pracownika;

  - złożyć wniosek o podwładnego.

  - Z powodów związanych ze swoją karierą i potencjalnymi awansami, pracownik będzie wolał mieć podwładnego niż kolejnego pracownika tego samego szczebla, który byłby uważany za rywala. Ponadto, aby nie doszło do rywalizacji między nim a podwładnym, będzie wolał zatrudnić dwóch podwładnych. Ten sam problem pojawi się kilka lat później z oboma nowo zatrudnionymi, tak że w krótkim czasie będzie tam pracować pięć osób, zamiast jednej jedynej, która pracowała tam krótko wcześniej.

- **Urzędnicy państwowi wzajemnie tworzą pracę.** Wzrost liczby pracowników prowadzi do cięższych procedur biurokratycznych, uzasadniając później decyzję o zatrudnieniu. Jeśli pracownik ma dużo pracy po zatrudnieniu dwóch podwładnych, to wcześniej musiał być przytłoczony. Ale, jak twierdzi Parkinson, znaczna część jego obciążenia pracą pochodzi od nowo zatrudnionych, ponieważ teraz jest o wiele więcej etapów zatwierdzania.

Z tych dwóch tendencji Parkinson uformował prawo, któremu dał swoje nazwisko i które wyraża się w formule matematycznej:

$$(2k^m + l) \, / \, n$$

- k reprezentuje liczbę pracowników dążących do awansu poprzez wyznaczenie podwładnych do pomocy;
- l stanowi różnicę między wiekiem mianowania a wiekiem emerytalnym;

- *m* reprezentuje liczbę godzin poświęconych na odpowiadanie na notatki w ramach działu;

- *n* oznacza liczbę nowych pracowników wymaganych każdego roku.

Aby znaleźć stopę wzrostu, produkt jest mnożony przez 100 przed podzieleniem go przez sumę dla poprzedniego roku (zaznaczone *yn*), co daje:

$$100\,(2k^m + p)\,/\,yn$$

Prawo Parkinsona mówi, że wskaźnik ten wynosi od 5,17% do 6,56%, niezależnie od zróżnicowania ilości pracy.

OGRANICZENIA I ROZSZERZENIA

Jaki jest zakres prawa Parkinsona? Naukowy wygląd teorii akcentuje jej prowokacyjny charakter. Jednak, mimo że w zamierzeniu ma ona mieć charakter humorystyczny, jest wciąż wykorzystywana w rozważaniach na temat biurokracji i jej negatywnych skutków.

OGRANICZENIA I KRYTYKA

Kwantyfikacja i tempo wzrostu

Metodologiczna słabość prawa stworzonego przez Parkinsona jest łatwa do zidentyfikowania, ponieważ większości wartości równania nie da się określić. Jak właściwie określić ilościowo urzędników starających się o awans? Wymagałoby to narzędzia do czytania w myślach, którego państwo jeszcze nie do końca posiada. Podobnie mierzenie liczby godzin spędzonych na odpowiadaniu na notatki to miła myśl, ale oznaczałoby to sortowanie pomiędzy przydatnymi i produktywnymi odpowiedziami a tymi, bez których służba cywilna mogłaby się obejść.

Wynik równania, stopa wzrostu pomiędzy 5,17% a 6,56%, nie powinien być zatem przyjmowany w wartości nominalnej. W artykule opublikowanym około 20 lat po wprowadzeniu swojego prawa Parkinson próbował wykazać, że ma ono praktyczne zastosowanie. Badając pracowników brytyjskiej służby cywilnej, sam przyznał, że podstawa statystyczna, na której zbudował swoje rozumowanie, jest słaba. Mimo to, doszedł do wniosku o słuszności prawa, analizując pracowników niektórych brytyjskich urzędów, zwłaszcza Ministerstwa Obrony. Artykuł ten jednak po raz kolejny miał silny wymiar satyryczny.

Powinniśmy zatem zachować przede wszystkim logikę Prawa Parkinsona, nie skupiając się zbytnio na wzorze matematycznym, którego intencja jest prawdopodobnie bardziej humorystyczna niż naukowa. Przyjrzyjmy się zatem głównym rzeczom, których możemy się nauczyć od Parkinsona:

- Czas wykonania zadania ma tendencję do osiągania rzeczywistego czasu dostępnego na wykonanie pracy.

- W systemie biurokratycznym, siła robocza ma tendencję do szybkiego wzrostu, ze względu na strategie awansu obecnych pracowników, ale także ze względu na większą liczbę procedur, które uzasadniają wzrost liczby osób związanych z danym zadaniem. To parcie w kierunku zwiększenia liczby urzędników prowadzi do impasu ekonomicznego. W rzeczywistości, stanowiska te są finansowane z obowiązkowych poleceń zapłaty, które w związku z tym wykazują tendencję wzrostową, osiągając próg, który dusi system gospodarczy.

Brak możliwości zastosowania w przedsiębiorstwie i nieznajomość zarządzania

Prawo Parkinsona nie mogłoby być zastosowane w przypadku firmy, w której występują ograniczenia wydajności i rosnące zróżnicowanie zatrudnienia. Wręcz przeciwnie, firma ta będzie raczej dążyła do zmniejszenia zatrudnienia niż do jego zwiększenia. Chociaż w rzeczywistości Prawo Parkinsona nie odpowiada technikom w zarządzaniu i zasobach ludzkich. Techniki te działają na rzecz motywowania zespołów w celu zwiększenia produktywności, a więc zwalczają tendencję do zwiększania czasu potrzebnego do wykonania określonego zadania.

POWIĄZANE MODELE I ROZSZERZENIA

Prawo Parkinsona jest znane do dziś. Możemy więc podejść do innych praw lub zasad, które posługują się aktualną terminologią i których założenia odwołują się do tych, które przedstawił Parkinson.

- W 1970 roku **Laurence J. Peter** (kanadyjski pedagog, ur. 1941) sformułował zasadę, której nadał swoje imię – Zasadę Petera. Gdy kompetentni pracownicy są awansowani na wyższe stanowisko, zawsze przyjdzie czas, gdy stanowiska w firmie (zwłaszcza na szczeblu kierowniczym) będą obsadzone przez niekompetentnych pracowników. Zasada ta jest podobna do Prawa Parkinsona w tym, że dotyczy awansu urzędników.

- W 1975 roku **Frederick Brooks** (inżynier komputerowy i profesor uniwersytecki, urodzony w 1931 roku) opublikował książkę zatytułowaną *The Mythical Man-Month*. Wyjaśnia w niej, że dodanie personelu do projektu, który jest już opóźniony, tylko zwiększy ostateczne opóźnienie. Krytykuje często stosowaną w zarządzaniu projektami jednostkę miary, jaką jest człowiek-miesiąc, czyli ilość pracy wykonywanej przez człowieka w ciągu jednego miesiąca. Wielkość ta jednak w dużej mierze zależy od ogólnej organizacji projektu, warunków pracy itp. Wniosek ten ma wspólne podstawy z wyjaśnieniem Parkinsona o rozszerzaniu się pracy w celu wypełnienia ilości czasu przeznaczonego na jej wykonanie. Podejście to zostało również porównane do niektórych praw dotyczących rozszerzalności gazów, ale ta paralela jest raczej porównaniem niż podobieństwem.

- Traktując Parkinsona jako pisarza z pogranicza rozrywki i ekonomii, można go również porównać do **Auguste'a Detoeufa** (przemysłowca i pisarza, 1883-1947). Był on autorem kilku zbiorów powiedzeń i myśli, studiował w École Polytechnique, a następnie założył firmę *Alsthom*. Jego teksty pełne są refleksji ze świata biznesu, z licznymi odniesieniami do czasu i sposobów jego wykorzystania. Te humorystyczne przemyślenia często przypominają podejście Prawa Parkinsona dotyczące wydłużania czasu potrzebnego do wykonania określonego zadania.

W świecie nauk społecznych, od początku XX wieku, kilku autorów badało skutki biurokracji, wypuszczając wnioski zbliżone do tych, które ustalił Cyril Northcote Parkinson. Warto tu wspomnieć o trzech z nich.

- Według **Maxa Webera** (niemiecki socjolog, 1864-1920) powstanie kapitalizmu prowadzi do powstania nowego typu autorytetu. Podczas gdy społeczeństwa feudalne polegające na autorytecie osobistym i reżimy despotyczne (takie jak Bonapartyzm) opierają się na autorytecie charyzmatycznym, kapitalizm generuje posłuszeństwo wobec reguły, tzw. autorytet racjonalny. Osoba sprawuje kontrolę w zależności od pozycji, jaką zajmuje w hierarchii i uprawnień, które są z tą pozycją związane. Następnie pojawił się termin "biurokracja", używany przez Maxa Webera, bez pejoratywnych konotacji, na określenie rosnącej roli administracji państwowej i przedsiębiorstw w nowoczesnych społeczeństwach. Odwrotnie, uważa on biurokrację za najbardziej udaną formę społeczną, ponieważ opiera się ona na rządach prawa i pomaga przetrwać osobom zaangażowanym w realizację zadań.

- Podejście **Ludwiga van Misesa** (austriacko-amerykański ekonomista, 1881-1973) jest znacznie bardziej krytyczne. W 1944 roku potępił on w *The Bureaucracy* rosnącą wagę administracji publicznej we współczesnych gospodarkach i przeszkodę, jaką stanowi ona dla wzrostu aktywności gospodarczej. Tekst ten być może zainspirował Parkinsona, który twierdząc, że opracował regułę wyjaśniającą tempo wzrostu liczby urzędników, obawiał się czasów, w których kategoria ta będzie stanowiła całą siłę roboczą.

- W trakcie tych badań francuski socjolog **Michel Crozier** (1922-2013) pokazał, jak urzędnicy w systemie biurokratycznym stopniowo uwalniają się od reguł, aby wypracować przestrzeń dla wolności. Badania te mogą wyjaśnić, dlaczego pracownicy dużych organizacji poświęcali coraz więcej czasu na wykonanie swojej pracy, tworząc w ten sposób warunki do zatrudniania nowych agentów, jak to opisuje Parkinson.

Od lat 70. XX wieku teoria nowego zarządzania publicznego zajmuje się zarządzaniem administracją publiczną, poszukując metod modernizacji w dużej mierze inspirowanych zarządzaniem firmami prywatnymi. Traktowanie użytkowników jako klientów wymaga rozwoju sprawnych agencji dystrybuujących usługi, gdyż rząd centralny jedynie wyznacza wytyczne. Podejście to, powszechnie akceptowane, ale i często krytykowane, próbuje przezwyciężyć biurokrację i jej osobliwości.

PRAKTYCZNE ZASTOSOWANIE

Zarówno w dużych firmach prywatnych, czy w administracji publicznej, menedżerowie próbują stworzyć narzędzia do walki z podstawowymi trendami zidentyfikowanymi przez Parkinsona.

Jednak w administracji publicznej środki te są często bardziej ograniczone niż w sektorze prywatnym. Regulamin pracowniczy ogranicza uprawnienia hierarchów: można ich zwolnić tylko w wyjątkowych okolicznościach, a definicja wynagrodzeń rzadko uwzględnia obiektywne elementy wydajności. We wszystkich krajach zachodnich ostatnie zmiany doprowadziły do poprawy efektywności administracji publicznej, przy czym cele są następujące:

- ściślejsza kontrola urzędników, a tym samym ograniczenie efektu wydłużenia czasu pracy;

- uproszczenie procedur administracyjnych poprzez przeciwdziałanie tendencjom biurokratycznym;

- wreszcie, ograniczenie wzrostu zatrudnienia w służbach publicznych, w tym dążenie do zmniejszenia liczby urzędników, idące wbrew przewidywaniom Parkinsona o nieuchronnym wzroście liczby urzędników państwowych w danym tempie.

PORADY I NAJWAŻNIEJSZE WSKAZÓWKI

Cele zarządcze

Wiele krajów wprowadziło zarządzanie przez cele. Do początku lat 90-tych budżety krajowe rzadko uwzględniały powiązanie między celami a środkami. W większości państw członkowskich OECD (Organization for Economic Cooperation and Development) procedury te były następnie stopniowo rozwijane. Na przykład we Francji ustawa organiczna dotycząca ustaw finansowych (LOLF), przyjęta w 2001 r. i wprowadzona w życie w 2006 r., wpisuje się w ten ruch. Planuje ona budżety krajowe w podziale na programy, z możliwością wzmocnionej kontroli ich wykonania. Ma zatem na celu przydzielanie środków na realizację celów wyznaczonych przez władze publiczne, pod czujnym okiem Parlamentu. Te nowe procedury mają prowadzić do lepszej organizacji pracy służby cywilnej i jej pracowników, a więc do zwalczania negatywnych skutków biurokracji analizowanych przez Parkinsona. Konieczne jest określenie ograniczonej liczby jasnych celów, tak aby nie były one ze sobą sprzeczne.

Opracowanie zachęt i kontroli

Wspierając to zarządzanie przez cele na poziomie krajowym, zaangażowanie urzędników publicznych było przedmiotem wielu eksperymentów. Zachęcanie pracowników do większej wydajności i wzmacnianie kontroli to dwie strony tego samego pytania: jak można poprawić wydajność usług publicznych?

Na przykład, Dania opracowała system kontraktowego wynagrodzenia dla urzędników publicznych, którego celem jest, aby udział wynagrodzenia uzależnionego od wyników osiągnął 20% wynagrodzenia. Ocena ta jest przeprowadzana w drodze dialogu między pracownikiem a przełożonym, nadzorowanego przez przedstawiciela związku zawodowego. Ostatnia wtórna ocena tej polityki, która została ustanowiona 20 lat temu, wykazuje większą akceptację celów związanych z wynikami, gdy część wynagrodzenia zależy od nich, ponieważ pracownik rozumie i przywłaszcza sobie wskaźniki i metody oceny. Inne kraje zdecydowały się na rozwój wynagrodzeń menedżerów publicznych, tych, którzy zarządzają służbami i agencjami, i którzy otrzymują premie lub awanse w oparciu o sukcesy ich zespołów.

Nadal istnieje potrzeba opracowania odpowiednich wskaźników wydajności. Muszą one odpowiadać celom usług publicznych, ale nie mogą być wyłącznie policzalne. Trudno byłoby zmierzyć wydajność policjanta na podstawie liczby wystawionych mandatów lub aresztowań. Ale jak można ocenić jego pracę w zakresie zapobiegania przestępczości? Jak można zmierzyć wydarzenia, które nie miały miejsca? Ponadto, we wszystkich sektorach, prywatnych i publicznych, każda ocena wiąże się z ryzykiem sprzeniewierzenia się jej przez osoby jej podlegające. Uczestnicy przyjmą postawy mogące poprawić wskaźniki, ze szkodą dla innych aspektów ich pracy, które są równie istotne, ale mniej łatwo mierzone przez wskaźniki. Ustanowienie mierników wydajności, aby stopniowo kontrolować wyniki zgodnie z ustalonymi celami, wymaga rozwagi i starannego rozważenia.

Wreszcie, zachęty i kontrole mogą być utrudnione przez status służby publicznej. W krajach, w których obowiązuje system kariery zawodowej, nieruchawość urzędników mianowanych na stanowiska ustawowe może utrudniać stworzenie prawdziwej struktury zachęt indywidualnych i zbiorowych.

 SYSTEMY KARIERY I SYSTEMY STANOWISK

W usługach publicznych występują dwa rodzaje organizacji.

W systemach karier pracownicy wstępują do służby cywilnej po zdanym egzaminie lub konkursie. Podlegają oni organizacji hierarchicznej, w której postęp związany jest z punktami uzyskanymi ze stażu pracy i stanowiska. Bezpieczeństwo zatrudnienia jest na ogół gwarantowane.

I odwrotnie, systemy pozycyjne wymagają zatrudnienia osoby, którą uważa się za najbardziej wykwalifikowaną do pełnienia danej funkcji, nawet jeśli nie należy ona do usług publicznych. Bardziej elastyczny, system ten jest bliższy prywatnemu rynkowi pracy.

Zauważmy, że we Francji te dwa systemy współistnieją. Służba cywilna podlega systemowi kariery, natomiast samorządy lokalne funkcjonują bardziej jak prywatny rynek pracy, zatrudniając urzędników, ale także pracowników z zewnątrz do obsadzania niektórych stanowisk na podstawie umów czasowych.

Redukcja etatów

Prawo Parkinsona powstało w latach 50. ubiegłego wieku, w okresie silnego wzrostu gospodarczego we względnie zamkniętych gospodarkach, gdzie ani ciężar wydatków publicznych, ani konkurencja między systemami podatkowymi nie były jeszcze powodem do dyskusji. Od tego czasu sytuacja uległa zmianie. Budżety publiczne, szczególnie od czasu kryzysu finansowego z 2008 roku, zmalały; państwa europejskie chcą kontrolować wydatki. Od początku lat 90. rozpoczęto znaczące działania stabilizacyjne, a nawet redukcje zatrudnienia w sektorze publicznym. Dane OECD wskazują na względną stabilizację liczby urzędników w większości państw członkowskich tej organizacji w latach 1991-2001. Jedynie Luksemburg wykazuje średni wzrost o 4% rocznie. Francja nie była częścią tego badania.

Wdrożono kilka strategii:

- Prywatyzacje podejmowane od lat 90. w wielu krajach doprowadziły do zmiany statusu urzędników państwowych lub nowo zatrudnionych. Takie ograniczenie interwencji państwa można było zaobserwować np. we Francji przy okazji prywatyzacji dużych firm, takich jak France Telecom. Urzędnicy z Ministerstwa Poczty i Telekomunikacji byli stopniowo zastępowani przez prywatnych pracowników firmy France Telecom (obecnie Orange), a państwo posiada obecnie jedynie niewielki udział w kapitale.

- Wiele krajów od kilku lat próbuje ograniczyć liczbę pracowników publicznych. Polityka niezastępowania pracowników, przechodzenia na emeryturę i zatrudniania doprowadziła do stagnacji lub nawet niewielkiego spadku liczby urzędników.

- Niektóre państwa w bardziej oczywisty sposób zaprzeczały prawu Parkinsona, stosując bardziej brutalną politykę zauważalnego zmniejszania liczby urzędników państwowych. W Niemczech w latach 90. państwo oddzieliło się od niektórych urzędników po zjednoczeniu kraju.

Polityka decentralizacji stworzyła iluzję znacznych spadków. I tak, według danych Trybunału Obrachunkowego, w latach 2000-2007 liczba urzędników publicznych w państwowych służbach publicznych pozostała na stałym poziomie, co jest pierwszym przypadkiem w krajach takich jak Francja, bardzo przywiązanych do interwencji publicznych. Jednak w tym samym czasie liczba pracowników samorządowych wzrosła o 400 000, w wyniku kolejnych działań decentralizacyjnych, które przekazały nowe obowiązki władzom lokalnym, w tym przekazując personelowi technicznemu odpowiedzialność za kolegia (rady ogólne) i szkoły średnie (rady regionalne). Są to więc raczej działania reorganizacyjne niż rzeczywista polityka stabilizacji zatrudnienia urzędników.

STUDIUM PRZYPADKU – BELGIJSKA SŁUŻBA CYWILNA

Ciekawym przykładem służby publicznej opartej na sztywnym statusie jest Belgia, w której pod koniec 2013 roku znaczna liczba pracowników wynosiła około 840 000 osób. Ostatnie reformy są próbą odwrócenia opisanego przez Parkinsona trendu stałego wzrostu poborów. Jest to sposób na odpowiedź na kryzys gospodarczy, ale także na odbicie się od erozji zaufania między rządem a obywatelami. Podczas gdy wysiłki podejmowało państwo federalne, postępująca federalizacja kraju sprawiła, że regiony i wspólnoty rozwijały swoje kadry, aby mogły podjąć nowe zadania, dzięki czemu liczba pracowników publicznych wciąż rosła.

MODERNIZACJA USŁUG PUBLICZNYCH

Tradycyjnie, belgijska służba cywilna charakteryzowała się niską mobilnością pracowników, znacznym systemem kariery i pewną sztywnością, podobnie jak wiele europejskich służb publicznych. Od lat 90. rosnące obciążenie długiem publicznym, który w 1993 r. osiągnął szczytowy poziom 137% PKB, skłoniło kraj do podjęcia próby modernizacji służb publicznych w celu utrzymania kosztów na niskim poziomie przy jednoczesnej poprawie efektywności. Usługi publiczne stanowią około 17% belgijskiego PKB, co jest stosunkowo niskim wskaźnikiem, ale należy do tego dodać personel szpitalny, który nie jest uwzględniany w podstawie statystycznej.

Na poziomie federalnym, wprowadzono programy szkolenia kadry kierowniczej, mobilność zawodową i odpowiedzialność za przywództwo, aby zwiększyć efektywność i walczyć z nadmiernym wzrostem czasu pracy i liczby urzędników publicznych, opisanym przez Parkinsona. Regiony i społeczności również zmieniły swoje metody. We Flandrii wprowadzono sześcioletnie kadencje dla wyższych urzędników. Służba cywilna została przeszła restrukturyzację na departamenty, z dużymi delegacjami dla kierowników. W Walonii nastąpiło przegrupowanie, a władze regionalne dokonały dalszego podziału funkcji operacyjnych pomiędzy poszczególne departamenty.

 ## WIEDZIAŁEŚ?

Belgijska służba cywilna często korzysta z pracowników kontraktowych, pracowników tymczasowych lub podwykonawców do wykonywania określonych zadań, pomimo ich wyższych kosztów, w celu zmniejszenia sztywności administracji publicznej. W rzeczywistości ci współpracownicy są bardziej elastyczni, ponieważ nie są mianowani.

Aby zostać urzędnikiem służby cywilnej, kandydaci muszą zdać serię egzaminów, natomiast w przypadku wyboru wyższych urzędników, oprócz tej pierwszej selekcji, kandydaci muszą spotkać się z komisją dyscyplinarną złożoną ze specjalistów w zakresie umiejętności wymaganych na wolnych stanowiskach, którzy są zazwyczaj profesjonalistami z sektora publicznego i prywatnego.

FEDERALIZACJA OSTATECZNIE POTWIERDZA TEORIĘ PARKINSONA

Rząd federalny zobowiązał się również do prowadzenia polityki redukcji zatrudnienia w belgijskich służbach publicznych. W zobowiązaniach budżetowych kraju podejmowane są działania mające na celu przestrzeganie Europejskiego Paktu Stabilności i Wzrostu, co prowadzi do znacznych oszczędności w wydatkach na personel wymienionych na lata 2010-2014. Przekraczają one 300 mln euro wymienionych na lata 2013 i 2014.

Jednocześnie kraj zwiększył swoją federalizację, przekazując wiele obowiązków władzom lokalnym i regionalnym. Wysiłki zmierzające do ograniczenia zatrudnienia publicznego na poziomie oddelegowania zostały udaremnione przez ekspansję służb cywilnych w regionach i wspólnotach. Zatrudnienie w sektorze federalnym wzrosło umiarkowanie w latach 2000-2010, łącznie o 4,5% (daleko od przewidywanych przez Parkinsona 5-6% rocznie). Jednak w tym samym okresie wzrosło o 20,5% w społecznościach i prowincjach oraz o 22,7% w regionach. Zatrudnienie w sektorze publicznym na wszystkich poziomach rosło szybciej niż zatrudnienie ogółem w latach 2000-2010 (13,8% wobec 9,2%). Niepewność rynku prywatnego jest zniechęcająca dla kandydatów, którzy szukają stabilnej pracy, zapewniającej stały rozwój kariery i jednolitość zadań.

Przykład ten ilustruje trudności, z jakimi borykają się państwa przy ograniczaniu liczby urzędników publicznych. Dziedzictwo poprzednich przepisów, które z trudem łagodzą nowe praktyki zarządzania, uzasadnione oczekiwania ludności w stosunku do usług publicznych oraz ruch decentralizacyjny lub federalizacyjny, bardzo wyraźny w Belgii, ale obecny w wielu krajach europejskich, w których ceni się szczebel lokalny, prowadzą do trudnej kontroli nad personelem – nie wspominając już o tym, że broń ta może być wykorzystana do walki z bezrobociem. Jednak w czasach, gdy rachunki publiczne są ściśle kontrolowane przez Komisję Europejską, Trybunał Obrachunkowy i rynki finansowe, a globalizacja wywiera presję na obniżenie poziomu obowiązkowych podatków, tworząc konkurencję między systemami fiskalnymi w krajach zachodnich, kwestia ta pojawia się w agendzie politycznej i gospodarczej. Wszystkie państwa starają się ograniczyć prognozy Parkinsona, ze względnym powodzeniem.

PODSUMOWANIE

- Prawo Parkinsona przewiduje proporcjonalny roczny wzrost liczby urzędników w granicach od 5,17% do 6,56%, niezależnie od obciążenia pracą.

- Cyril Northcote Parkinson opiera swoje rozumowanie na trzech założeniach:

  - pracownik państwowy wykorzysta cały dostępny czas na wykonanie swojej pracy;

  - zawsze będzie wolał mieć podwładnych niż współpracowników, kierując się logiką awansu zawodowego;

  - urzędnicy sami tworzą dla siebie pracę.

- Prawo Parkinsona jest mocno satyryczne, ale zgadza się z bardziej naukowymi teoriami na temat biurokracji.

- Zwraca uwagę czytelnika na poważne wyzwanie finansowe, ale zdaje się całkowicie pomijać aspekt zarządzania zasobami ludzkimi i efektywności.

- Obecnie służby publiczne podejmują znaczne wysiłki, zwłaszcza w zakresie zasobów ludzkich, aby walczyć z naturalną tendencją do wzrostu, w celu kontrolowania finansów publicznych i jakości usług świadczonych na rzecz ludności.

DALSZE CZYTANIE

BIBLIOGRAFIA

Demonty, B. (2013) Record de fonctionnaires en Belgique. *Le Soir*. [Online]. [dostęp 7 lipca 2014]. Dostępny w: < http://www.lesoir.be/160948/article/actualite/belgique/2013-01-14/record-fonctionnaires-en-belgique>.

OECD. (2005) *Modernising Government: The Way Forward.* [Online]. [Dostęp 7 lipca 2014]. Dostępny w: < http://www.oecd-ilibrary.org/governance/modernising-government_9789264010505-en>.

OECD. (2007) *Examen de l'OCDE sur la gestion des ressources humaines dans la fonction publique : Belgique.* [Online]. [Dostęp 7 lipca 2014]. Dostępny w: < http://www.oecd.org/fr/gouvernance/emploi-public/39375860.pdf>

OECD. (2011) *Preésentation de l'Étude économique sur la Belgique 2011 : Trois enjeux stratégiques pour la Belgique.* [Online]. [Dostęp 7 lipca 2014]. Dostępny w: < http://www.oecd.org/fr/belgique/etudeeconomiquedelabelgique2011.htm>.

Parkinson, C. N. (1983) *Prawa Parkinsona.* Paris: Robert Laffont.

Master ISBN : 9782808066471
Papierowy ISBN : 9782808069267
Depozyt prawny: D/2022/12603/147

Projekt cyfrowy: Primento – cyfrowy partner wydawców.